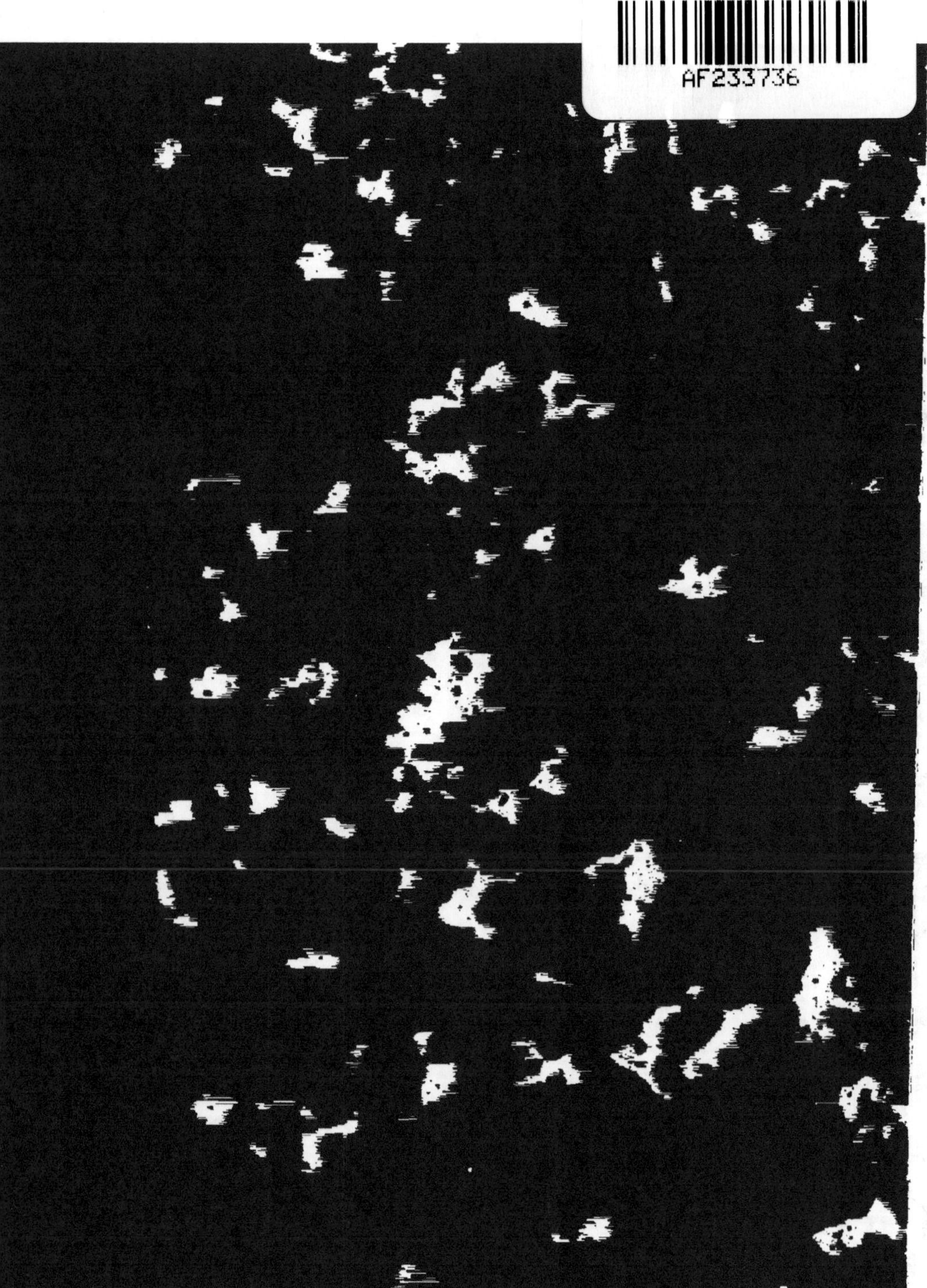

AF233736

LE NOUVEAU
TRENTE-UN MAI.

LE NOUVEAU
TRENTE-UN MAI,
OU
JOURNÉE
DU 18 FRUCTIDOR,
AN V,

Mis au jour le 10 Messidor, an 7, époque de la liberté de la presse.

A LYON,

AN VII.

PRÉFACE

NÉCESSAIRE.

LE directoire fit rédiger, vers le mois de Pluviose, an 6, une brochure, ayant pour titre : *Journée du dix-huit fructidor*, que le conseil des Cinq-Cents, servilement soumis aux volontés des tyrans, fit imprimer et distribuer à profusion. Cet ouvrage écrit avec assez d'artifice, contenait tant d'absurdités, de contre-sens, et de mensonges, que j'en fis, sur le champ, la réfutation, et je n'eus pas de peine à prouver, la constitution à la main, que la France était, depuis le 18 fructidor, sans constitution ; que les véritables conspirateurs étaient les direc-

teurs, et leurs vils esclaves et complices
des deux conseils ; qu'enfin , la république avait été détruite par ceux-là
même qui se vantaient de l'avoir sauvée.
(car le gouvernement de France, depuis le 18 fructidor , ne mérita jamais
le nom de gouvernement républicain.
Ce n'était que la tyrannie de cinq
hommes, qui s'étaient arrogé le droit
de vie et de mort sur tous les Français.)
On sent bien qu'il m'eut été impossible de publier cette réfutation. Comment, en effet , oser élever la voix en
faveur de l'innocence sacrifiée ; comment trouver un imprimeur qui eût
consenti à me prêter les secours de son
art pour éclairer le peuple sur ses véritables ennemis. Le colosse directorial
appesantissait alors son bras de fer ,
non-seulement sur la France , mais
encore sur toute l'Europe ; d'un seul
arrêté , il renversait des trônes , dé-

truisait des républiques , décimait, en Hollande , et dans la Cisalpine , les directoires et les corps législatifs; il fusillait, déportait, embastillait, sans distinction d'opinion et de parti, et son nom seul inspirait la terreur et l'effroi. C'eut donc été s'exposer à des dangers certains , sans aucun espoir de succès, que de hasarder l'impression d'un ouvrage qui démasquait les tyrans.

Mais, aujourd'hui que ce colosse monstrueux vient d'être abattu par un autre non moins monstrueux , et la prétendue liberté rendue à la presse , il importe de justifier les victimes du 18 fructidor , et de parler franchement sur cette désastreuse journée ; je n'hésite donc point a faire imprimer une réfutation qui prouvera que tous nos maux , depuis près de deux ans , prennent leur source dans l'acte souverainement tyrannique qui a décimé la représentation nationale. Si tous les députés, condamnés à la déportation, eussent été de vrais conspirateurs, se seraient-ils laissés surprendre et prévenir par le directoire ? N'avaient-ils pas en main des moyens aussi sûrs, aussi prompts que ceux que le corps législatif emploie aujourd'hui pour renverser les tyrans ? Ne se sont-ils pas toujours montrés contraires aux actes de violence qu'on leur proposait. N'ont-ils pas toujours opposé des principes de modération aux imputations calomnieuses des directeurs, et des paroles de paix à leurs entreprises criminelles et sans cesse croissantes ? Si ces députés sont coupables, c'est de n'avoir pas fait ce que le corps législatif fait aujourd'hui : c'est de ne pas s'être déclaré en permanence, jusqu'à ce que le directoire eut fait sortir du rayon constitutionnel les troupes qui devaient les décimer ; c'est de n'avoir pas dressé son acte d'accusation, et de ne l'avoir pas mis en jugement, comme la constitution leur en faisait un devoir. La France et l'Europe auraient aujourd'hui la paix, et une paix honorable (si toutefois il peut en exister une sans un roi légitime) Le sang de plusieurs milliers de républicains n'eut pas été impunément versé, les dilapidations monstrueuses du gouvernement n'auraient pas nécessité des impositions énormes ; le commerce, qui, avant le 18 fructidor, se relevait de ses pertes passées, serait maintenant dans l'état le plus florissant; nous n'aurions pas fait des conquêtes qui nous sont ensuite devenues si fatales: en un mot, les Français seraient heureux et tranquilles. La modération du corps législatif a donc été funeste, non seulement à la patrie, mais encore à l'humanité toute entière, néanmoins les vrais, les seuls coupables sont les tyrans qui nous ont replongé dans un abîme effrayant de malheurs, et dans les horreurs d'une guerre plus terrible que celle qui l'a précédée. Tout le sang répandu depuis le 18 fructidor, tant dans l'intérieur que sur les frontières, et dans les pays conquis, puis abandonnés, doit donc retomber sur la tête criminelle des directeurs, et la postérité ne lira leurs noms que pour les compter au nombre de ceux qui ont été les fléaux de l'humanité.

LE NOUVEAU TRENTE-UN MAI,

OU

JOURNÉE

DU 18 FRUCTIDOR,

AN V.

Un grand attentat s'est commis le 18 fructidor ; la déportation de cinquante-trois représentans du peuple, de deux directeurs, de quarante-huit journalistes, et de plusieurs autres citoyens condamnés sans jugement, sans procédure, sans pièces, sans avoir été appellés, ni entendus ; l'annullation de la

A 4

majorité des élections du peuple français ; tels sont les faits qui attachent à cette journée un caractère de violence, d'injustice, de tyrannie, et d'atrocité, qui en fera vivre le souvenir.

Les causes qui ont produit cette journée, les moyens qui l'ont préparée et exécutée, le résultat qui en est la suite, sont les mêmes qui ont amené, opéré et suivi les funestes commotions dont depuis neuf ans nous ressentons les terribles effets. La soif désordonnée du pouvoir, les crimes des factions, et le malheur du peuple.

Un état ne se régénère point par l'effusion du sang humain, par l'incendie, le meurtre, le brigandage ou l'anarchie ; ceux qui prétendent le faire par d'aussi coupables moyens sont des imposteurs ou des scélérats, qui veulent usurper un pouvoir tyrannique et régner sur des cadavres ou sur des esclaves humblement soumis à leur volonté capricieuse. C'est-là, jusqu'ici, ce qu'on s'est proposé pour but, dans la révolution. Les innovations politiques, comme les innovations religieuses, ressemblent trop souvent

aux inondations des fleuves ou des rivières
qui, forçant leurs limites naturelles, portent
dans les campagnes environnantes, le ra-
vage et la dévastation, et ne laissent après
eux que la misère et le désespoir. C'est par
des ruines que la révolution s'est opérée ;
c'est encore sur des ruines qu'elle s'est élevée,
et c'est par des ruines qu'elle se maintient. Il
fallait, sans doute, pour fonder la république,
que la monarchie fut renversée ; mais ce
renversement, pour qu'il fut salutaire et ré-
générateur, devait s'opérer par des hommes
vertueux, qui en eussent la mission expresse
du peuple français, et qui s'appliquassent,
par des lois justes, protectrices de la liberté
de tous les citoyens, et de la liberté publique, à faire aimer ce grand changement
politique, et à forcer les partisans de l'ancien
ordre de choses à renoncer à leurs préjugés,
à sacrifier leurs intérêts particuliers à la
volonté et à l'intérêt de la nation entière.
On devait s'attendre à des oppositions par-
tielles, au soulèvement de quelques passions
privées, et même à des ressentimens indi-
viduels. Mais à force de sagesse, de vertu,

de justice et d'humanité , on eut résisté aux unes , fait taire les autres , et étouffé les dernières.

Bien loin de là , le jacobinisme entretint et irrita les mécontentemens par ses excès journaliers , et son despotisme abominable. Il souffla dans tous les cœurs le feu de la discorde et les fureurs de l'anarchie ; il souleva toutes les passions , fit naître les haines , alluma les vengeances. De-là ces meurtres , ces assassinats, dont nous n'avons cessé d'être les tristes témoins ; ces actes monstrueusement arbitraires , dont nous n'avons cessé d'être les déplorables victimes ; ces factions, qui nous ont , tour-à-tour , fait plier sous leur joug dévorateur. Aucun des partis qui sont nés du sein de nos orages politiques , et qui en ont suivi le cours , comme les reptiles suivent le cours des torrens , n'avait le bonheur public pour objet. Aussi le jacobinisme s'est-il constamment servi d'eux comme d'auxiliaires dont il tirait avantage pour écraser les vrais amis de la liberté , et qu'il écrasait à son tour pour établir son triomphe. Est-il étonnant qu'au milieu de

ce combat sanglant de tant d'intérêts opposés, et à la vue de la misère publique, les amis
de la monarchie se soient plus fortement rat-
tachés à leurs principes, et qu'ils n'aient vu
de véritable bonheur public que dans le
gouvernement d'un seul.

Mais ce qui nous paraît constant, c'est
que les jacobins, qui ne peuvent vivre que
de sang, et au sein de l'anarchie, ont toujours signalés comme royalistes les hommes
amis de l'ordre et de la justice ; c'est
qu'ils ont toujours effrayé le peuple par le
fantôme de la royauté, sans cesse occupée
à ressaisir son pouvoir. Il suffisait de vouloir
un gouvernement équitable, sans lequel les
personnes et les propriétés fussent protégées,
les lois exécutées, la justice égale pour tous,
et les droits de la souveraineté du peuple,
reconnus et assurés, pour être réputé royaliste, et poursuivi comme tel. Aussi les jacobins n'ont-ils cessé de conspirer contre la
liberté, et leur conspiration, très-rarement
déjouée, mais jamais entièrement détruite,
a-t-elle été aussi-tôt reprise et continuée sans
interruption ; aussi n'est-ce point de nou-

veaux complots que le dix-huit fructidor a vu éclater et réussir, ce ne sont que les fils renoués des trames rompues le 9 thermidor, et le complément de l'exécrable journée du 13 vendémiaire.

Remontons, en effet, au 13 vendémiaire; et nous reconnaîtrons que, quelque soit l'espace de tems qui le sépare du 18 fructidor, l'un et l'autre se touchent et se lient intimément.

A la première époque, comme à la seconde, ce sont les mêmes acteurs qui figurent sur la scène; ce sont les mêmes bourreaux, et les mêmes victimes; c'est le même but auquel on tend, la tyrannie des jacobins, et le règne de la terreur.

Les mêmes bourreaux, on les connaît trop pour qu'il soit besoin de les nommer: ils figurent tous dans les pages ensanglantées des bulletins de la convention, et dans la tragédie du 13 vendémiaire. Les mêmes victimes, ce sont tous ceux qui se sont toujours opposés courageusement aux lois de sang, aux décrets barbares de la convention ou de l'assemblée qui l'a précédée. Ce sont les mêmes écrivains qui, dans des tems encore voisins du régime révolutionnaire, ont osé démasquer les tyrans populaires, combattre leur doctrine sanguinaire, et rappeller les grands principes de la liberté si souvent et si long-tems outragée et blasphêmée. En vain apporte-t-on en preuve de leur conspiration royale des lettres saisies dans la correspondance de Lemaître : ce sont des complots imaginaires dont on se sert pour couvrir des complots réels. Si la correspondance de Lemaître vous donnait la preuve que des representans du peuple étaient des conspirateurs, pourquoi ne les avoir pas mis en état d'accusation après le 13 vendémiaire? Pourquoi se servir de cette correspondance deux ans après l'avoir saisie, pour accuser et condamner, sans procès, ceux qui y figuraient? Pourquoi, dans l'exaltation de votre triomphe, ne vous êtes-vous pas défait tout d'un coup des ennemis que vous redoutiez? Pourquoi, par exemple, l'ambassadeur Barthelemi, que vous accusez également d'être un des agens royaux, n'a-t-il pas été destitué de sa place aussitôt après la découverte de ces papiers si précieux ? Pourquoi le gouvernement, qui n'est pas, à coup sûr, ami de la monarchie, a-t-il laissé, pendant deux ans auprès des cantons Suisses, en qualité d'ambassadeur de la république, un homme qui rappelait la constitution de 91, et dont les sentimens d'opposition à la constitution de l'an 3 lui étaient connus ? Ou le directoire est coupable d'avoir conservé un royaliste dans une place aussi importante que celle d'une ambassade, ou l'ambassadeur était innocent de ce dont vous l'accusez, et alors le directoire a *calomnié* un homme pur, qui ne voulait point entrer dans ses complots criminels. Mais comme il est impossible de croire que le gouvernement ait trahi ses propres intérêts ; lui qui est si jaloux de son pouvoir ; lui, qui affecte tant d'amour pour la république ; lui, qui a tant de prédilection pour tout ce qui est républicain ; il faut donc convenir qu'il a employé la calomnie pour perdre un collègue qui avait apporté au directoire des principes de modération, de liberté et de justice, en op-

position avec ceux de la majorité du gouvernement.

Examinons toutes les pièces sur lesquelles
on a bâti l'échaffaudage de la conspiration
royale, et nous verrons que c'est dans toute
la calomnie, et la calomnie la plus grossière,
qui fait tout le fond de ce fameux procès. On
voulait se défaire d'un général républicain,
qui s'était toujours montré l'ami de l'humanité, dans des tems où l'humanité était un
crime, qui, aux talens et à la gloire mili-
taire, réunissait des qualités non moins pré-
cieuses, l'amour de l'ordre, d'une véritable
liberté, et une intégrité peu commune dans
ces jours de révolution. Les ambitieux avaient
tout à redouter de ses vertus guerrières et ci-
viques : on résolut sa perte ; et l'on inventa
des pièces qui le présentaient comme tout
prêt à seconder la rentrée de l'armée de
Condé et le rétablissement de la monarchie.
Il proposa, dit-on, les moyens d'exécution ;
et s'il ne fit pas rétrograder son armée ; s'il ne
marcha pas sur Paris avec celle des émigrés,
c'est que Condé s'y opposa. Mais comment
le prince de Condé parvint-il à sonder les

dispositions de Pichegru ? Oh ! c'est ici que la mal-adresse et la fausseté paraissent dans tout leur jour ; c'est ici que les moyens employés pour s'assurer des intentions de ce général républicain , sont aussi absurdes qu'invraisemblables. Le comte d'Entraigues dont l'arrestation , aussi contraire au droit des gens, que funeste dans ses suites , a si puissamment servi les projets des factieux ; le comte d'Entraigues est chargé par le prince de Condé d'envoyer auprès de Pichegru des agens qui puissent remplir cette importante mission. Comment le prince de Condé a-t-il pu soupçonner que Pichegru pût être favorablement disposé à protéger , à favoriser sa rentrée en France les armes à la main ? Sur quoi pouvaient être fondés ses soupçons à cet égard? C'est ce qu'on n'a pas pris soin de nous apprendre. Les pièces trouvées dans le portefeuille de M. d'Entraigues, qui nous donnent sur le reste de si minutieux détails , ne disent pas un mot qui puisse nous faire conjecturer comment on était parvenu à connaître les opinions d'un général qui avait si glorieusement servi la république. Il semble pourtant

que

que cet article important ne devait pas être
omis, et qu'il était d'une conséquence assez
grande, pour la conviction du crime, de
nous en instruire, et de s'en assurer préala-
blement. Mais le mensonge se décèle toujours lui-même. D'ailleurs, il n'était pas besoin de tant de précautions, pour condamner
sans jugement, sans confrontation du coupable. Quels sont maintenant les agens qu'emploie le comte de d'Entraigues ? deux hommes que Pichegru ne connaît point ; et cette
remarque est importante à faire. Ces agens
partent, se rendent au lieu où était alors le
général. (Il est curieux d'observer comment
ils s'y prennent pour lui parler.) Ils se mettent
sur le passage du général, qui ne les connaît
point ; et cependant ce général, en voyant
des hommes qui affectent d'être sur son passage, affecte de son côté de dire à haute
voix en quel endroit il va dîner tel jour et à
telle heure. Il ne connaît point ces agens,
et cependant il a l'air de les connaître ; Il ne
les connaît point, et cependant il agit et
parle comme s'il les connaissait, et, ce qu'il y
a de plus extraordinaire, comme s'il savait ce

B

qu'ils ont à lui dire ; il ne les connaît point, et cependant il se livre sans réserve à eux, dès la première ouverture qu'ils lui font ; il ne les connaît point, et cependant il a la folle imprudence d'entrer dans leurs vues, et de leur communiquer son plan de contre-révolution. Quel roman mal tissu ! quelle intrigue dépourvue de bon sens et de vraisemblance ! Quelle confiance mérite donc une pareille pièce ? Suppose-t-on que les conspirateurs royaux agissent et combinent leur plan avec autant de folie et de légèreté ? ou plutôt, noussuppose-t-on assez crédules, assez idiots, assez privés de raison, assez dénués de raisonnement, pour ne pas appercevoir tout d'un coup la grossièreté du mensonge et le ridicule de l'accusation ?

Mais admettons pour un moment que ces pièces soient aussi matériellement convaincantes, qu'elles sont matériellement fausses. L'intérêt de la république ne commandait-il pas au gouvernement de porter la conviction dans tous les esprits, en faisant juger solemnellement les conspirateurs ? l'intérêt du gouvernement lui-même n'était-il pas attaché à la

punition légale et juridique des criminels?
n'y avait-il point en France de tribunaux qui
osassent les condamner? pouvait-il craindre
qu'une conspiration aussi évidente, aussi redoutable qu'il nous la présente, trouvât des
juges assez lâches ou assez pervers pour la
révoquer en doute? Les formes constitutionnelles requises dans la poursuite des crimes
de conspiration, étaient-elles dangereuses à
observer envers des hommes aussi notoire-
ment convaincus de tentatives pour renverser
le gouvernement républicain? La conspiration était-elle si générale, avait-elle des rami-
fications si étendues, qu'il fût impossible d'atteindre tous les conspirateurs, ou de rencon-
trer sur toute la surface de la république un
assez grand nombre de républicains qui en-
treprissent de l'examiner et d'en faire une
justice exemplaire?

En relevant ici l'absurdité des pièces qui
accusent le général Pichegru, mon intention
n'est point d'établir en principe qu'il ne lui ait
jamais été fait de propositions de la part du
chef de l'armée des émigrés. Il faudrait, pour
le faire mieux connaître, la conduite privée,

les liaisons et l'opinion personnelle ou secrète de l'accusé ; il faudrait être lui-même , ou un de ses intimes confidens, pour réfuter la possibilité même du crime dont il est prévenu. Ainsi, je ne prétendrai point qu'on ait jamais tenté de corrompre un homme qui pouvait rendre des services aussi essentiels à la cause de la monarchie : je ne prétendrai point non plus soutenir que le prince de Condé n'ait jamais écrit au eprésentant Imbert-Colomès, par les mêmes raisons. Mais je me croirai très-fondé à révoquer en doute toutes les pièces qu'on a répandues et affichées en profusion dans tout Paris, au moment du 18 fructidor , par cela seul qu'elles ont servi au rétablissement de la tyrannie des jacobins; par cela seul qu'on n'a point pris la peine de faire reconnaître aux accusés les pièces qui pouvaient les convaincre aux yeux de la république entière ; par cela seul qu'ils ne les ont point avouées , qu'on a évité, avec autant d'injustice que de violence, de les leur présenter, et qu'on a prononcé contre eux, avec la rapidité de l'éclair, un jugement aussi illégal qu'inconstitutionnel; par cela seul qu'on a comprimé, dispersé ou fait fuir tous ceux qui seuls devaient prononcer dans une si grande cause ; par cela seul enfin que les accusateurs ont été tout à-la-fois jurés, juges et parties; et je ne craindrai point de répéter, avec tous les hommes impartiaux et amis de la justice, que les pièces qu'on dit avoir été saisies dans le porte-feuille de M. d'Entraigues, sont fausses ; elles ont été fabriquées par des hommes intéressés à les produire, puisque ceux qu'elles accusent n'ont eu ni le ems, ni les moyens de les reconnaître, de se défendre et de confondre l'imposture.

Dira-t-on, pour justifier des mesures aussi précipitées que celles du 18 fructidor, que le péril était imminent ; que le salut de la république était attaché à la prompte puni-tion des conspirateurs, et qu'un seul jour de plus la patrie était plongée dans un abîme de malheurs? Mais la conspiration de Babeuf était-elle moins redoutable, le danger était-il moins pressant ? le jour et l'heure des con-jurés n'étaient-ils pas fixés? tout n'était-il pas préparé pour l'exécution de leurs affreux complots? Et cependant la république a-t-elle

été perdue par la lenteur des formes constitutionnelles et la lenteur plus grande encore du
jugement ? Quelles précautions! que de tems
n'a-t-on pas mis pour prononcer l'acte d'accusation du représentant qui était compro-
mis ! quels égards! quelle humanité n'a-t-on
pas apporté dans toute cette fameuse procédure ! que de frais n'a-t-elle pas occasion-
nés ! La république a-t-elle souffert de toutes
ces longueurs ? Y a-t-il donc deux poids et
deux mesures? Est-il moins défendu de conspirer pour l'anarchie que pour la royauté ?
et les conspirateurs royaux ont-ils moins de
droit à la justice , que les conspirateurs anar-
chistes ?

Mais, insistera-t-on, les coupables auraient
été absous par leurs complices , qui étaient
en majorité dans le corps législatif; et les
déclarations de Duverne de Presle , ne laissent rien à douter sur le nombre et l'influence
des amis du trône dans la représentation nationale.

La terreur qui jusqu'ici a comprimé et
comprime encore la voix de la vérité , a empêché qu'on ne réduisît à leur juste valeur les

lâches déclarations d'un homme assez vil pour sacrifier à l'amour de la vie ou de sa liberté les intérêts du prince dont il était l'agent. Mais il est tems de manifester enfin sa pensée sur ces trop fameuses déclarations; il est tems d'examiner quel degré de confiance on doit leur accorder, et le caractère de celui qui les a faites; il est tems de flétrir d'un opprobre éternel celui qui, aux yeux de tous les partis, ne paraîtra jamais qu'un traître odieux, un infâme dénonciateur, un méprisable scélérat, digne de la haine universelle. Quelle peut être en effet la moralité d'un homme qui, après avoir servi, pendant deux ans, la cause d'un parti, consent, pour sauver sa vie, ou pour recouvrer sa liberté, à dévoiler tout le secret de ce même parti, donne ensuite tous les moyens de l'anéantir, et, plus perfide que les Grisel et les Malo, ne semble avoir si long tems soutenu et même dirigé les intérêts de la monarchie, que pour leur porter un coup plus terrible, en renversant pour jamais les espérances de ses propres partisans.

Ce caractère de perversité, dans un homme , est si monstrueux , qu'il est difficile d'en trouver un semblable dans toutes les histoires des conspirations ; et la révolution , qui a produit tant de crimes, tant de scélératesses, n'en avait point encore fait connaître d'un genre aussi détestable. On chercherait en vain, dans les annales du genre - humain , un exemple aussi horrible de dépravation et d'immoralité. Comment donc supposer, d'après la turpitude et la lâcheté des motifs qui ont fait agir et parler l'infâme Duverne de Presle ; comment supposer, dis-je, que, dans un pays où les vertus et la morale devraient être inséparables de la liberté , il se trouve des hommes assez corrompus pour , sur une simple dénonciation de cette nature, condamner en masse , et sans les entendre , une foule d'hommes , contre lesquels on n'articule aucun fait démonstratif. Il suffit donc en France à un scélérat de désigner comme ses complices tous ceux qui lui déplaisent. ou qu'il veut perdre , pour qu'ils soient , sans autre instruction , sans autre forme de procès , enlevés à leurs parens , à leurs amis , à leurs biens , à leurs affections les plus chères , à leur patrie enfin. A quoi tient donc en France la liberté civile et publique, si un seul homme peut en disposer, à son gré, par des déclarations mensongères ? A quoi tient donc la représentation nationale entière, si une seule dénonciation suffit pour la décimer, et pour ravir au peuple ce qu'il a de plus précieux comme corps social, ses représentans librement élus ? A quoi tient donc la république elle-même, si les républicains sont, d'un jour à l'autre, exposés à périr victimes d'une fausse accusation d'un seul royaliste ? Si ce moyen a réussi contre des hommes que leur amour de la justice et de la liberté a fait dénoncer comme conspirateurs et punir comme tels, ne peut-il pas réussir encore contre ceux qui se vantent le plus de leur patriotisme, et qu'un zèle outré emporte au-delà des bornes de la modération et de la sagesse ? N'est-ce pas là une excellente découverte pour les royalistes qui voudront se défaire des plus ardens républicains ? L'exemple de tyrannie que vous venez de donner contre des hommes innocens, ne peuvent-ils pas le faire servir quelque jour au renversement de la

république , par la déportation subite et pré-
cipitée de ses plus intrépides défenseurs.

Est-il donc si difficile de supposer qu'un
homme comme Duverne de Presle, qui n'en-
visage les approches de la mort qu'avec un
effroi si pusillanime , ou qui ne se sent pas le
courage de supporter quelques années de
captivité , ait honteusement sacrifié la vérité
au desir effréné de passer sa vie dans l'intrigue et la débauche (car on sait assez
quelle est sa conduite scandaleuse dans sa
vie privée , et tout le monde l'accuse de vivre
dans un commerce infâme avec sa propre
sœur , dont il a des enfans : lui-même est
convenu qu'il l'avait fait passer pour sa fem-
me)? Est-il donc si difficile de supposer que ,
séduit par l'appât trompeur de promesses
brillantes, il ait vendu sa conscience, sa plume
même, aux factieux qui avaient besoin de ses
affreux services ? Est-il impossible à croire
qu'il ait copié sous la dictée des vrais conspirateurs, et qu'il ait complaisamment dé-
noncé tous ceux qu'on avait intérêt de sacrifier ? Tout est possible , tout est présumable
de la part d'une ame de boue et de fange ;

tous les crimes , toutes les faussetés , toutes les calomnies , sont à redouter d'un être sans pudeur , sans remords et sans moralité.

L'usage qu'on a fait de ces déclarations en prouve toute la fausseté. Car pourquoi , si elles ne contenaient que la vérité , n'avoir pas employé les formes ordinaires de la justice , pour parvenir à connaître les vrais coupables ? pourquoi n'avoir pas cherché , dans la réunion de Clichy , les véritables agens du roi ? Ces déclarations elles-mêmes ne sont-elles pas faites d'une manière vague ? Quelle preuve apporte Duverne de Presle des faits qu'il y énonce ? quelles pièces à l'appui de toutes les correspondances qu'il y suppose ? quelle indication fournit-il ? quel renseignement exact donne-t-il pour parvenir à leur découverte ? Quelle nouvelle méthode de dénonciation aussi étrange qu'insignifiante ! Puisque la conspiration royale est si étendue , selon lui ; puisqu'il nomme tant d'agens principaux et d'agens intermédiaires , pourquoi le directoire n'a-t-il pas eu le soin de faire saisir , chez tous les individus dénoncés , les correspondances qu'ils entretenaient avec le prétendant ? pourquoi n'a-t-il étayé ces déclarations d'aucune pièce justificative et matérielle, qui convainquît les plus incrédules ? Il avait cependant et le tems et les moyens de le faire : il ne l'a pas fait ; donc il n'a pu le faire ; donc les preuves lui ont manqué ; donc les déclarations de Duverne de Presle, si elles ne sont pas fausses, portent au moins un grand caractère de fausseté et d'imposture ; donc Duverne de Presle a lâchement servi la tyrannie pour obtenir sa liberté.

Etait-ce donc sur une semblable pièce qu'on devait violer si scandaleusement et si tyranniquement, les bases fondamentales de la constitution, et le grand principe de la souveraineté du peuple ? était-ce sur une semblable pièce qu'on devait si sacrilégement annuller la majorité des élections du peuple français, et porter une main parricide sur ses représentans ? La journée du 31 mai, toute affreuse qu'elle est, ne présente cependant pas des caractères de violence et de tyrannie aussi frappans que celle du 18 fructidor. On l'a célébrée pendant 15 mois, comme une

époque glorieuse et mémorable ; mais enfin
le 9 thermidor a dissipé le prestige mensonger
qui l'enveloppait, et elle n'a plus été regar-
dée que comme un grand attentat nationicide.
Un nouveau 9 thermidor fera la même justice du 18 fructidor ; et la postérité s'étonnera que, dans l'intervalle de 4 ans, le même
crime se soit commis deux fois.

Dans l'ouvrage dont le conseil des cinq-
cents vient d'ordonner l'impression, et qui
a pour titre *Journée du 18 fructidor*, on
s'appuie, il est vrai, pour prouver la conspiration, et pour désigner les conspirateurs,
de quelques phrases, prises çà et là dans les
discours de quatre ou cinq représentans. On
les arrange avec autant d'artifice que de per-
fidie, au système de contre-révolution qu'on
a bâti, et l'on en tire victorieusement des
conséquences funestes contre ceux qui les ont
prononcés. Mais depuis quand des opinions
prouvent-elles des complots ? depuis quand
est-il interdit à un représentant de dire à la
tribune nationale tout ce qu'il pense sur tel
ou tel décret rendu dans des tems de cala-
mité, sur telle ou telle loi, sur tel ou tel indi-

vidu , sur tel ou tel événement de la révolution ? depuis quand est-ce un crime de pen-
ser autrement que la majorité ? depuis quand
enfin la manifestation de ses opinions est-
elle l'aveu d'une conspiration ? Que de-
vient donc la constitution , si, contre les
dispositions formelles qu'elle renferme , on
peut poursuivre et même condamner un représentant , pour avoir écrit ou parlé contre
l'avis dominant du corps législatif ? Que de-
vient la liberté du peuple , si ses représentans
n'ont pas celle d'exprimer leurs opinions per-
sonnelles ?

Mais examinons rapidement ces phrases
si coupables , ou ces propositions si contre-
révolutionnaires de quelques députés.

On fait un crime à Lemerer d'avoir dé-
signé la constitution de 1791 , comme l'objet de ses regrets, et d'avoir insulté au triomphe que la liberté remporta le 10 août
1792 ! On ne cite point la phrase qui ex-
prime ces regrets et cette insulte. Mais je
vais la rapporter ici : au mois de fructidor
de l'an IV , Lemerer , dans une opinion
sur l'amnistie qu'on voulait accorder à tous

les crimes commis pour ou contre la révolution, dit : On a vu des législateurs infidèles
renverser la constitution qu'ils avaient juré de
défendre. Où sont ici les regrets ? Où est
ici l'insulte ? N'est - il pas vrai que la première législature avait juré de défendre la
constitution de 1791 ? N'est - il pas vrai
que c'est elle qui l'a renversée ? N'est - il
pas vrai que, deux mois avant le 10 août,
tous les députés à cette assemblée, sans en
excepter aucun, avaient, sur la proposition de Lamourette, juré haîne à mort
contre ceux qui voudraient établir la république, ou le système des deux cham-
bres ; et qu'à la suite de ce serment, tous
se donnèrent le baiser de paix et de ré-
conciliation ? N'est - il pas vrai que ceux
qui restèrent fidèles à ce serment, furent,
deux mois après, menacés de la mort par
ceux qui se parjurèrent ? Est - ce une insulte
que d'avoir rappelé ce parjure ? Est - ce
une insulte que de dire la vérité ? Ne
pouvait - on, sans regret pour la constitution de 1791, parler de son renversement.
Et celui qui la regrette le moins, peut - il

faire l'histoire de ce renversement , sans dire comment et par qui il a été opéré ?

Je regrette moins que personne une constitution bizarre , incohérente , dans laquelle aucun des pouvoirs n'était dans un équilibre parfait, l'un à l'égard de l'autre; et qui imprimera éternellement à ses auteurs le cachet de l'impéritie et de l'ignorance la plus coupable ; mais puis - je moins pour cela excuser ceux qui, après avoir fait serment de la défendre , l'ont renversée si promptement, et au prix de tant de sang ? Si c'est là un triomphe que la liberté a remporté , il faut convenir que nous avons été long-tems avant d'en recueillir les fruits. Il nous a fallu traverser trois années entiè-res de meurtres , de massacres, et de la tyrannie la plus exécrable, avant qu'on n'ait pu substituer à cette constitution démocratique royale , un code plus sage et plus favorable à la liberté publique et individuelle.

On fait un crime à André Dumont d'avoir proposé, en floréal dernier, d'entraver l'exercice du droit que la constitution

accorde

accorde au Directoire de suspendre et de destituer les administrations, c'est-à-dire, en d'autres termes, qu'on fait un crime à un député de provoquer une loi qui garantisse au peuple le droit imprescriptible et sacré de sa souveraineté. La constitution donne, il est vrai, au directoire le droit de suspendre et de destituer les administrations qui pourraient prévariquer; mais elle exige aussi des motifs qui légitiment cette suspension ou cette destitution; et en cela elle a consacré, d'une manière irrévocable, le droit de souveraineté qui appartient au peuple. Mais quel usage le directoire a-t-il fait du droit de destitution ou de suspension? Depuis son installation, il n'a cessé de suspendre ou de destituer, sans autre motif que le choix du peuple. Dès qu'une administration a obtenu la majorité des suffrages de ses administrés, le directoire intervient aussi-tôt pour en composer une nouvelle toute à sa dévotion. Ainsi le respect qu'il affecte pour la souveraineté du peuple, est aussi faux que dérisoire. Etoit-ce donc un crime que de vouloir restrein-

dre ce droit impolitique attribué au directoire, dans les véritables bornes que la
constitution a fixées? Oui, sans doute ,
c'était un crime aux yeux des usurpateurs
et des ambitieux. Aussi voyez comme ,
avant et depuis le 18 fructidor sur - tout ,
le gouvernement a fait usage de ce droit.
Voyez comme toutes les administrations
ont été bouleversées, ou épurées, pour
parler le langage des révolutionnaires. Voyez
comme tous les membres des comités de
surveillance de la terreur, sont substitués
par-tout aux véritables magistrats du peuple.
Voyez la doctrine du *sans - culotisme* res-
susciter , avec plus d'insolence , et menacer
avec plus d'audace , les victimes qui ont
échappé une première fois au fer des assassins *patriotes*. Voyez enfin comme tout se
prépare pour un nouveau régime de sang.

On fait un crime à Boissy d'avoir, dans
le même mois *floréal*, reclamé en faveur
des émigrés , pour que , modifiant la législation qui les concerne, on changeât le
mode de leur jugement, et d'avoir mé-
connu ouvertement la constitution qui a

formellement prononcé qu'il ne sera rien changé à la loi sur les émigrés. Ceux qui ne voyent dans un émigré qu'une bête fé-roce, prête à les dévorer ; et à qui le mot seul cause des crispations violentes, ceux-là sans doute ne peuvent pas pardonner qu'on ose invoquer les règles ordinaires de la procédure criminelle, en faveur de cette classe proscrite. Quand on ne veut trouver que des coupables, et pas un seul inno-cent ; quand on a formé dans son cœur le même desir qu'un empereur qui sou-haitait que le peuple romain n'eût qu'une seule tête pour l'abattre d'un seul coup ; quand on s'indigne que les émigrés ne puissent être fusillés tous à la fois, sans doute, il est difficile de pardonner des mouvemens d'humanité en leur faveur. Aussi ces nouveaux Caligula doivent être satisfaits depuis qu'on a forcé d'émigrer ceux-là même qui ne l'ont jamais été, et que le caprice ou la haîne d'un admi-nistrateur a fait injustement inscrire sur la liste de proscription. Qu'ils s'appaisent donc enfin, on étanche tous les jours leur soif insatiable du sang humain. Celui des émigrés, vrais ou supposés tels, coule dans toutes les communes de la république ; on répand jusqu'à celui des citoyens qui ne sont jamais sortis de son territoire. (1)

Lorsque la constitution a imposé aux législateurs l'obligation de ne rien changer à la loi sur les émigrés, a-t-elle donc voulu qu'on s'écartât, pour juger les émigrés, des lois et des formes observées dans toutes les sociétés civilisées, en faveur des criminels ? Après avoir établi des principes d'humanité, a-t-elle voulu se contredire elle-même en sanctionnant des dispositions cruelles et sauvages, insérées dans des lois rendues dans un tems où le génie révolutionnaire présidait encore à la législation française. Ne convenait-il pas sous le gouvernement constitutionnel de faire disparaître les restes de la barbarie d'un régime à jamais abhorré ? Craignait-on d'atteindre moins sûrement les coupables en leur of-

______

(1) Voyez le journal de l'*Ami des Lois*, qui se plaint lui-même d'une semblable méprise.

frant tous les moyens de se justifier , moyens
qu'on n'a jamais refusé aux plus grands
criminels ?

Disons le donc avec franchise , et en
gémissant sur la corruption de notre siècle,
la rage seule qui anime certains hommes
pouvait faire un crime à Boissy de sa motion
pleine d'humanité, et la convertir en preuve
de conspiration.

On fait un crime à Dumolard de s'être
écrié dans l'affaire des Colonies, qu'il n'y
avait que les complices de Santhonax qui
pussent prendre sa défense. Sans doute,
c'était là une exclamation injuste, je pour-
rais même ajouter qu'elle tenait quelque
chose de la tyrannie de Robespierre qui,
lors du décret d'accusation rendu contre
Danton , se servit des mêmes expressions
contre le représentant Legendre qui voulut
élever sa voix en faveur de son ami. Mais
ici les motifs étaient bien différens, les crimes de Santhonax venaient d'être déroulés
aux yeux de toute l'assemblée, un frémis-
sement d'horreur s'était manifesté de tous
côtés. Tous les esprits étaient dans l'im-

patience qu'on prit une résolution contre le bourreau des antilles, et Dumolard révolté des lenteurs qu'on apportait, se livra trop facilement à ses transports d'indignation. Je n'excuse point ces écarts dans un représentant, mais je soutiens qu'ils ne prouvent nullement l'existence d'une conspiration, et la complicité de celui qui oublie un moment la dignité du caractère dont il est revêtu.

Qu'il me soit permis de rendre ici la justice qui est due à ce représentant. Pour peu qu'on ait suivi les séances du corps-législatif, depuis son installation, on se rapellera sans peine que c'est toujours lui qui, le premier, est monté à la tribune pour faire l'éloge de la bravoure et de l'héroïsme des armées républicaines ; que c'est toujours sur sa proposition qu'on décréta qu'elles n'ont jamais cessé de bien mériter de la patrie ; et qu'il n'a jamais parlé d'elles qu'avec un noble enthousiasme, qu'il serait difficile de supposer dans un ennemi de la liberté.

Enfin on fait un crime à Tarbé d'avoir,

dit-on , dressé l'acte d'accusation des assemblées nationales précédentes , en dé-
clarant que , depuis cinq ans , elles n'ont
rendu que des décrets atroces.

C'est - là une véritable imposture. Tarbé
n'a jamais dit , ni voulu dire une pareille
absurdité. C'est encore dans l'affaire des
Colonies que ce représentant , étonné des
obstacles que certains personnages oppo-
saient à la délibération du Conseil des Cinq-
Cents, ne pût s'empêcher de faire observer
que ceux - mêmes qui , depuis cinq ans,
avaient mis tant de précipitation à pro-
poser et à faire rendre des décrets atroces ,
invoquaient aujourd'hui toutes les lenteurs
des formes constitutionnelles , pour soustraire les Colonies au joug de fer des agens
du directoire ; et en effet , il était plus
qu'étrange de voir apporter , pour faire le
bien, autant de résistance qu'on avait mis dans
plus d'une occasion d'acharnement à faire le
mal. Voilà cependant comme on dénature
les phrases les moins coupables, comme on
en force le sens pour trouver des preuves
d'une conspiration inventée à plaisir , et

dont on a voulu effrayer le peuple qu'on ne trompe plus, et qui ne s'effraye aujourd'hui que de l'empire réel auquel sont, de nouveau, parvenu les bourreaux de la France.

Il était d'ailleurs tout naturel que ceux qui s'honorent de siéger maintenant à côté d'un Santhonax, repoussassent de leur enceinte ceux qui avaient résolu de venger les malheureuses Colonies du sang qu'il y a fait répandre.

Pour prouver l'étendue et la réalité de la conspiration royale, on cite plusieurs fragmens de lettres écrites par des prêtres déportés, ou à des représentans, ou à des administrations, et dans lesquelles ils se félicitent de leur retour en France, et de la liberté que va recevoir enfin leur religion, depuis si long-tems proscrite et persécutée. Comme si c'était conspirer que de témoigner de la joie de revoir sa patrie, ses parens et ses amis. Comme si c'était conspirer que de se livrer à l'espérance d'y exercer, au milieu d'eux, le culte dont ils sont les ministres. Comme si, en un

mot , la religion catholique ne pouvait sub-
sister dans un pays libre , dans une république. Les Etats - Unis d'Amérique ; une
grande partie de la Suisse , et la république Cisalpine , sont-elles moins libres, parce
qu'on y professe la religion catholique? Y
dénonce - t - on les ministres comme des
conspirateurs? Les proscrit-on avec acharnement comme des fanatiques qui ne prêchent que la superstition et l'esclavage ?
Non sans doute , aussi les peuples y vivent
libres et paisibles ; aulieu qu'en France où
l'on persécute avec autant d'intolérance
que de fanatisme , et le culte et les ministres,
les citoyens s'éloignent de plus en plus
d'une république qui ne se soutient que
par des excès , et conçoivent pour elle
une haîne qui , si elle s'étend encore quelque tems sur toutes les parties de la France ,
finira par l'engloutir dans une nouvelle
succession de calamités et de fureurs.

Mais admirez les moyens qu'emploient,
pour opérer plus sûrement ou plus promptement la contre - révolution , ces préten-
dus conspirateurs royaux *qui brûlent de*

se baigner dans le sang des républicains.
Voyez comme ils s'empressent d'acheter,
à grands frais dans le pays étranger, des
ornemens d'église. Comme ils sacrifient des
sommes énormes pour le succès de leurs
complots liberticides. C'est par ordre du
conseil des Cinq-Cens qu'on imprime que
la plus grande preuve du projet de contre - révolution, se tire de l'achat des ornemens d'église. Qu'ils sont habiles ces
conspirateurs qui, au lieu de corrompre à
prix d'argent tous ceux qu'ils ne peuvent
vaincre ou gagner par des promesses flat-
teuses, vont répandre leur or en profusion
pour décorer leurs temples et leurs autels
qui, lorsque tous les élémens qui consti-
tuent la monarchie sont détruits ou épars
dans toutes les contrées de l'Europe, s'oc-
cupent gravement de la rétablir par le luxe
et la richesse des ornemens de leurs prêtres, et qui, lorsque le sceptre et le dia-
dême sont brisés, prétendent les relever
par des *chapes* et des *chasubes.*

Il est vrai qu'on nous parle ensuite d'en-
rôlemens pour l'armée royale, de distri-

bution d'armoiries nouvelles , de recrute-
ment , de 7,537 livres de poudre , de
25,685 cartouches , et de cinq pièces de
canons. Mais les preuves de tous ces faits,
on néglige de nous les donner ; et quand
ils seraient vrais, qui nous garantira qu'ils
ne soient pas des moyens employés par
les jacobins. comme le drapeau blanc du
camp de Grenelle. Et puis voyez combien
la conspiration a de puissantes ramifica-
tions ! Sur toute l'étendue de la grande
nation, on cite douze villes seulement où
l'on prétend avoir acquis des preuves de
on existence, et l'auteur de l'écrit intitulés
Journée du 18 fructidor, s'écrie avec effroi : c'est l'Ethna qui sent bouillonner dans
les flancs le bitume et le souffre brûlans.
Quel Ethna grand dieu que *cinq pièces
de canons et 7,537 livres de poudre* ! Quelle
explosion terrible menace toute la république !

Voulez - vous d'autres preuves de la
conspiration royale , toutes aussi convaincantes que celles dont nous venons de
faire l'examen rapide. Vous le trouverez ,

selon l'auteur de l'écrit que nous refutons; dans les lois rendues depuis le premier prairial, ou dans les projets de loi que le 18 fructidor a écartés par la question préalable. Vous les trouverez dans l'ardeur qu'on a apporté à détruire la république par les finances, et sur - tout dans l'audace des écrivains.

Ecoutez sur tous ces objets les amis de la terreur. C'était pour opérer la contré-révolution qu'on rappelait dans leurs foyers les victimes infortunées qui, dans les jours affreux du régime révolutionnaire, échappèrent au milieu des dangers de toute espèce, aux guillotines ambulantes, aux fusillades des représentans en mission, à l'inquisition barbare des comités de surveillance, et aux dénonciations féroces des sociétés dites populaires. C'était opérer la contre - révolution que de rendre à leurs travaux et à l'agriculture des bras que les fureurs de l'anarchie avaient paralysés.

Ces hommes si connus par leur prétendu amour pour le peuple, n'ont pas craint de mentir à leurs propres principes, en rangeant dans la classe des émigrés tous les laboureurs et les artisans qui, pour se soustraire au glaive des assassins, ont déserté momentanément leur pays, et sont allés chercher sur une terre étrangère le repos et la sûreté qu'ils avaient perdus. Si c'est un crime que de s'être jetté dans les bras des Allemands et des Anglais, il faut en accuser ceux qui ont forcé à le commettre ; et la postérité ne lira pas sans frémir d'horreur que, dans un tems de guerre, des français ayent été obligés d'implorer la pitié des ennemis étrangers, contre la rage et la barbarie de leurs concitoyens. On s'étonnera toujours que des Français ayent montré plus d'acharnement et d'inhumanité envers d'autres Français, que ceux-mêmes qui dirigeaient toutes leurs armes et tous leurs efforts contre la France.

Les mêmes hommes qui criaient si fort contre l'injuste préjugé qui, dans l'ancien régime, punissait toute une famille des crimes commis par un de ses membres, font porter aujourd'hui, sur une foule d'innocens, la peine du crime d'émigration d'un de leurs parens. De-là le séquestre apposé sur tous les biens des familles qui comptent parmi elles un émigré. Dans toutes les branches de la législation, on retrouve toujours la même haine et la même rage contre les émigrés; et l'on ne peut élever la voix pour faire entendre la justice et l'humanité, en faveur de ceux qui leur appartiennent par les liens du sang, sans être aussi-tôt accusé de royalisme; aussi a-t-on regardé comme un projet de contre-révolution celui qui ordonnait la restitution de leurs biens.

C'était encore opérer la contre-révolution que d'arrêter les énormes dilapidations du gouvernement et de mettre un frein à sa voracité. Des sommes immenses lui avaient été accordées pendant vingt mois, sans qu'on eût exigé qu'il rendît compte de leur emploi. On avait des preuves matérielles qu'il s'était passé entre lui ou ses agens, et des fournisseurs cupides, des marchés scandaleux qui compromettaient évidemment la fortune publique; et c'était opérer la contre-révolution que de vouloir opposer enfin une digue salutaire à ce torrent dévorateur. Oui, sans doute,

c'est-là la véritable conspiration qu'on a déjouée le 18 fructidor. Eh! qui pourrait en
douter, lorsqu'on calcule le produit de toutes les impositions qu'on fait peser depuis ce
moment sur toutes les classes de la société;
lorsqu'on fait attention aux demandes exor-
bitantes du gouvernement, et à la basse com-
plaisance du fantôme de législature qui les
accorde sans mot dire? Le rétablissement
de la loterie, le droit du timbre auquel tous
les actes, soit publics, soit particuliers, sont
assujettis; le nombre et la lourdeur des con-
tributions de toute espèce; les emprunts,
les dons volontaires qu'on a l'art de forcer;
le remboursement des deux tiers de la dette
publique, tout cela n'est-il pas une preuve
évidente que la conspiration du 18 fructidor
n'était autre chose que la volonté fortement
prononcée des représentans du peuple, de
réprimer enfin les monstrueuses prodigalités
du gouvernement. L'entière stagnation du
commerce, l'anéantissement total du crédit
public, le découragement et la misère générale, l'abattement de tous les esprits, l'inquié-
tude qui est dans tous les cœurs, ne sont-ce

pas là de nouvelles preuves que la nation n'a vu et ne voit encore, dans la révolution du 18 fructidor, que la résurrection des jacobins et le rétablissement de la tyrannie de 93 ?

C'est une vérité incontestable, que dans tout état où la presse n'est libre que pour approuver les opérations de ceux qui gouvernent, et où elle est interdite avec sévérité à tous ceux qui les blâment ou les censurent, il n'y a point de liberté publique ; mais il y a, de plus, oppression et tyrannie, quand la plainte ou un soupir exprimé dans un ouvrage périodique, sont des titres suffisans de proscription ; et c'est ce que nous voyons depuis le 18 fructidor. Sous le prétexte de contenir la fougue des écrivains, on les a réduits au silence le plus absolu ; et on ne permet d'écrire qu'à ceux qui chantent les louanges des tyrans. On a voulu, dit-on, détruire tous les moyens de contre-révolution ; et, pour parvenir à ce grand but, on a mis tous les ouvrages sous l'inspection de la police. Quels étaient donc les moyens qu'employaient les journalistes pour opérer la contre-révolution ? oh ! ils étaient tout aussi coupables, tout aussi

dangereux

dangereux que ceux que nous venons d'examiner. Ils rappelaient sans cesse les principes
sacrés de la liberté, de la justice et de l'humanité ; et on les accuse *d'avoir desséché de
leur souffle impur tous les sentimens géné-
reux.* Ils dénonçaient à l'opinion publique
tout ce qui, dans les lois, portait le caractère du génie révolutionnaire ; et on les accuse
*d'avoir sappé toutes les institutions républi-
caines.* Ils combattaient avec l'arme de l'élo-
quence les maximes funestes de la tyrannie ;
et on les accuse *d'avoir éteint la morale
publique.* Ils démasquaient ces hypocrites
partisans de la liberté, qui, en se décorant du
titre honorable de citoyen, croyent donner
une preuve irrécusable de leur patriotisme,
et qui dans la réalité en profanent et en avi-
lissent le nom ; et on les accuse *de l'avoir, les
premiers, diffamé, en faisant revivre les qua-
lifications de la féodalité.* Ils dévoilaient les
crimes des factions ; et on les accuse *de s'être
attachés à toutes les vertus pour les décrier.*
Ils dénonçaient les fonctionnaires publics pré-
varicateurs ; et on les accuse *d'avoir avili
toutes les autorités constituées.* Ils publiaient

D

les exploits de Buonaparte ; et on les accuse
d'avoir *terni sa gloire*, pour vanter la valeur
et l'habileté du héros de l'Allemagne. Ils don-
naient les plus grands éloges au *génie* et aux
ressources fécondes de ce général républicain;
et on les accuse *de lui avoir contesté ses victoires.*
Enfin, ils appelaient la haine publique contre
les agioteurs; ils réclamaient la liberté illimitée
pour tous les cultes, sans aucune exception ;
et on les accuse d'*avoir détruit le crédit public*,
d'avoir prêché l'intolérance, d'avoir réveillé la
superstition et le fanatisme.

Si, parmi ces écrivains, il en est qui ont
poussé le zèle jusqu'à l'exagération, c'est un
effet inévitable de la liberté de la presse. Mais
le parti qui se dit exclusivement républicain,
n'a-t-il pas aussi ses exagérateurs ? n'a-t-il pas
aussi des fanatiques? Et pourquoi ne les a-t-on
pas sévèrement réprimés ? pourquoi ceux
qui prêchent le meurtre et l'assassinat, ne
sont-ils pas condamnés à la déportation ?
pourquoi enfin les apôtres de la licence et
de l'anarchie sont-ils libres et impunis ?
Pourquoi ?.... C'est qu'on a besoin d'eux ;
c'est que leurs principes sont ceux du parti

vainqueur ; c'est qu'en un mot on veut nous ramener au tems des comités de surveillance et de salut public.

Après avoir examiné, les unes après les autres, toutes les preuves qu'on a rassemblées pour en composer un système de conspiration, voyons maintenant quel motif a pu rendre nécessaire l'annullation de la majorité des élections du peuple. Le motif ? oh ! il est étrange. C'est, a-t-on dit, qu'elles ont été faites par des électeurs royalistes. Or, qui a nommé ces électeurs ? c'est le peuple réuni dans les assemblées primaires. Le peuple, ou du moins la majorité du peuple, est donc royaliste ? Si le peuple est royaliste, pourquoi, vous qui êtes la minorité, vous révoltez-vous contre la majorité ? pourquoi, vous qui reconnaissez en principe que le peuple est libre de se donner telle ou telle forme de gouvernement, voulez-vous le forcer au régime républicain, puisqu'il nomme des magistrats, des juges et des représentans royalistes ? pourquoi, vous qui êtes la minorité, voulez-vous dicter à la majorité, des lois qui, selon vos principes, ne doivent être que l'expression de la volonté générale ? Pourquoi dites-vous donc que le peuple français veut la république, quand vous lui reprochez d'élire des amis du trône ?

Mais, dites-vous, le parti royaliste, d'après la lettre de Louis XVIII, a influencé les élections. Il a abusé de la crédule ignorance de l'habitant des campagnes, en substituant sur le scrutin qu'il est chargé de rédiger, les noms des contre-révolutionnaires les plus décidés, à ceux des patriotes que celui-là était dans l'intention d'élire; il a prodigué l'outrage, l'injure, la menace, à tous les amis de la constitution. Les provocations les plus séditieuses, les scissions les plus scandaleuses, les voies de fait les plus criminelles, tels sont les moyens qu'il a employés pour parvenir à ses choix. Voilà sans doute bien des allégations; voilà bien des faits qui seraient suffisans, s'ils étaient vrais, pour faire douter de la liberté qui a régné dans les élections! Encore faudrait-il en conclure que le parti des royalistes, s'il n'a pas été le plus nombreux dans la majorité des départemens, a du moins été le plus fort. Mais, en supposant que toutes

ces élections n'ont été que l'ouvrage de la
force, où sont les vaincus qui ont réclamé,
où sont les preuves de toutes ces violences
si générales, de toutes ces insultes, de toutes
ces provocations, qu'on nous dit avoir été si
universelles ? Sans doute il y a eu des scissions dans quelques assemblées électorales ;
mais est-ce dans le plus grand nombre ?
N'est-ce pas, au contraire, dans le plus petit ?
A peine compte - t - on une demi-douzaine
d'assemblées électorales ou il y ait eu scission
ouverte, et dont les opérations ayent été
contestées. Quelles réclamations d'ailleurs a-
t-on fait contre les élections en général ?
Quelles preuves a-t-on apporté des violences,
des injures, des menaces, ou des voies
de fait dont elles ayent été le théâtre ? Il est
sans doute facile, quand on a baillonné
toutes les bouches d'avancer des calomnies
qu'on est bien sûr de ne point voir réfutées.
Il est facile, quand la presse est enchaînée,
d'inventer des faussetés qu'on est bien sûr
de ne point voir démentir. Si, comme on
le suppose, toutes ces scènes scandaleuses
eussent eu lieu, que d'adresses, que de pro-

(54)

cès-verbaux n'eut pas reçu le corps législatif,
depuis le 18 fructidor, et même avant cette
époque, contre les manœuvres criminelles
employées par les royalistes ! A qui pourra-
t-on persuader que ceux qui se disent républicains par exclusion n'eussent voulu,
ni pu faire, en tems utile, et même après
son délai, toutes les représentations possibles,
s'ils avaient eu des motifs, je ne dis pas seulement légitimes, mais qui eussent quel-
qu'apparence de raison ? A qui persuadera-
t-on que, depuis le 18 fructidor, ces républicains eussent négligé d'envoyer des
preuves de séduction, de surprise ou de
violence de la part des royalistes ? S'il y
eut eu des scissions dans la plus grande
partie des corps électoraux, le corps législatif aurait-il manqué de prononcer en faveur des opérations de l'assemblée scission-
naire jacobite, comme il l'a fait pour celles
des départemens du Gers, du Lot, et des
Deux Nethes ? Or, il ne la point fait, donc,
il ne pouvait le faire. On n'a point reclamé,
donc on ne pouvait le faire ; donc, les choix
dans la majorité des départemens ont été

libres et presqu'unanimes. Si l'on veut encore
insister sur ce que ces choix étaient royalistes, j'en conclurai que la majorité du peuple est royaliste.

Mais, non, le peuple français est las de
révolutions : il a appris, par une trop longue
et trop funeste expérience, à connaître les
charlatans politiques qui l'ont, tour-à-tour,
abusé, vexé, tourmenté, mitraillé, guillotiné,
fusillé ou incarcéré : il ne veut plus écouter
les promesses trompeuses des ambitieux qui
ne lui ont fait espérer de bonheur qu'en
s'élevant sur des ruines, sur des cadavres,
et sur la misère générale de la nation : il a
fortement résolu de ne plus accorder son
estime, sa confiance et l'exercice de sa souveraineté qu'à des hommes purs, dont les
mains n'ayent point trempé dans le sang
de ses proches, de ses amis, ou de ses concitoyens, qu'à des hommes toujours éloignés
des excès dont il a été la victime, toujours
ennemis du désordre et de l'anarchie, toujours étrangers aux factions, et qui, instruits
à l'école des malheurs publics, connaissent
les moyens de les réparer et d'en prévenir

le retour. Si ce sont là des conspirateurs, il faut donc aussi accuser de conspiration, le peuple français qui les a nommés, il faut donc aussi déporter tous ceux qui ont concouru à leur nomination, car les électeurs sont les premiers coupables, et ces coupables sont la grande majorité de la nation.

Il a cependant existé une conspiration contre la constitution et contre le peuple français, et qui pourrait en douter lorsqu'on fait attention à tout ce qui se passe autour de nous, lorsque le génie de la terreur plane de nouveau sur toute la république, et prélude par de nouveaux excès à des excès plus grands encore. Et qui pouvait douter de son existence avant le 18 fructidor, lorsqu'on a vu le gouvernement faire marcher, à grandes journées, des troupes sur Paris; et, violant ouvertement la constitution, diriger contre la représentation nationale les armes qui doivent la protéger. Lorsqu'on a vu se reproduire, sous de nouvelles formes, le système adopté par les jacobins, dans des tems à jamais abhorrés. Lorsqu'on a vu

des adresses toutes honteusement emprein-
tes du même cachet, toutes fabriquées dans
le même atélier, tapisser les murs de la
capitale, et menacer au nom des armées
de la république du rétablissement de la
terreur.

Lorsqu'on a vu des corps nombreux de
militaires qui, aux termes formels de la
constitution, sont essentiellement passifs et
obéissans, dresser l'acte d'accusation de
la représentation nationale. Lorsqu'on a vu
enfin des rixes, des assassinats commis par
des soldats, sur des jeunes-gens dont le
costume n'était qu'une affaire de mode,
et qu'on a méchamment converti en signe
de ralliement. Qui pouvait douter que la
conspiration fut réelle et flagrante, quand
le gouvernement a fait sceller les portes
des salles des deux conseils, et jetté en
prison les députés, paisiblement occupés
des travaux de la commission des inspec-
teurs ; quand il a fait investir Paris et ses
principales rues par des postes militaires,
quand il a, de sa propre autorité, changé
le lieu des séances du corps législatif,

pour n'avoir à ses ordres , que les lâches représentans ses complices et ses vils esclaves. Quand il n'a pas rougi de faire prononcer un jugement aussi injuste que monstrueux sous ses yeux, au milieu des satellites qui l'environnaient, à la porte de son palais, et par un fantôme de législature qui délibérait sous le canon et sur les traiteaux des comédiens. Quand on a vu enfin, à la honte de la nation entière, le sanctuaire des lois transformé en une salle de théâtre, et la dignité de représentant du peuple , ravalée au rôle avilissant d'acteur.

Oui sans doute, la conspiration était réelle et flagrante, puisqu'elle n'a pu réussir que par la violation sacrilége de la constitution, et par une suite, d'attentats contre la souveraineté du peuple, contre la liberté publique et particulière. On a violé la constitution qui dit, article VII de la déclaration des droits : « Nul ne peut être ac-» cusé, arrêté, ni détenu que dans les » cas déterminés par la loi, et selon les » formes qu'elles a prescrites ». Et, arti-

cle XI , « Nul ne peut être jugé qu'après
» avoir été entendu , ou légalement ap-
» pelé ». On a violé la constitution qui dit ,
article VI de la déclaration des droits :
« Celui qui viole ouvertement les lois, se
» déclare en état de guerre avec la société ».
Le gouvernement et le corps législatif
sont donc en état de guerre avec la république, puisqu'ils ont si scandaleusement
et si imprudemment violé toutes les lois.
On a violé la constitution envers soixante
représentans du peuple , lorsqu'au mépris
de l'article 110 qui dit : « Les citoyens
» qui sont ou ont été membres du corps
» législatif , ne peuvent être recherchés ,
» accusés , ni jugés en aucun tems, pour
» ce qu'ils ont dit ou écrit dans l'exercice
» de leurs fonctions ». On les a condamnés pour des opinions émises à la tribune
nationale. On a violé la constitution , lorsqu'au mépris de l'article 111 et suivans ,
ou arraché par la violence, à leurs fonctions législatives , les vrais élus du peuple.
Voici ces articles : « Les membres du corps
» législatif, depuis le moment de leur no-

» mination, jusqu'au trentième jour après
» l'expiration de leurs fonctions, ne peu-
» vent être mis en jugement que dans les
» formes prescrites par les articles qui
» suivent :

112. Ils peuvent, pour faits criminels,
être saisis en flagrant délit ; mais il en est
donné avis sans délai au corps législatif, et
la poursuite ne pourra être continuée qu'a-
près que le conseil des cinq-cents aura
proposé la mise en jugement, et que le
conseil des anciens l'aura décrétée.

113. Hors les cas du flagrant délit, les
membres du corps législatif ne peuvent être
amenés devant les officiers de police, ni
mis en état d'arrestation, avant que le
conseil des cinq-cents n'ait proposé la mise
en jugement, et que le conseil des anciens
ne l'ait décrétée.

114. Dans les cas des deux articles pré-
cédens, un membre du corps législatif ne
peut être traduit devant aucun autre tribunal que la haute cour de justice.

115. Ils sont traduits devant la même cour pour les faits *de trahison*, de dilapidation , *de manoeuvres pour renverser la constitution , et d'attentats contre la sûreté intérieure de la république.*

116. Aucune dénonciation contre un membre du corps législatif, ne peut donner lieu à poursuite , si elle n'est rédigée par écrit, signée et adressée au conseil des cinq-cents.

117. Si après y avoir délibéré en la forme prescrite par l'article 77 ainsi conçu, aucune proposition ne peut être délibérée ni résolue dans le conseil des cinq – cens , qu'en observant les formes suivantes. Il se fait trois lectures de la proposition : l'intervalle entre deux de ses lectures ne peut être moindre de dix jours. La discusion est ouverte après chaque lecture, et néanmoins après la première ou la seconde, le conseil des cinq – cents peut déclarer qu'il y a lieu à l'ajournement , ou qu'il n'y a pas lieu à délibérer. Toute propo-

sition doit être imprimée et distribuée deux jours avant la seconde lecture. Après la troisième lecture, le conseil des cinq - cens décide s'il y a lieu ou non à l'ajournement.

. Si donc, après avoir délibéré dans ces formes, le conseil des cinq - cents admet la dénonciation , il le déclare en ces termes : La dénonciation contre..... pour le fait de........ datée du......... signée de .... est admise.

On a violé sans pudeur tous ces articles envers soixante représentans qu'on a jugé et condamné dans un quart - d'heure. On a violé envers eux les articles qui suivent :

118. L'inculpé est alors appelé ; il a pour comparaître un délai de trois jours francs, et, lorsqu'il comparaît , il est entendu dans l'intérieur du lieu des séances du conseil des cinq-cents.

119. Soit que l'inculpé se soit présenté ou non , le conseil des cinq-cents déclare, après ce délai , s'il y a lieu ou non à l'examen de sa conduite.

120. S'il est déclaré par le conseil des cinq-cents, qu'il y a lieu à l'examen, le prévenu est appelé par le conseil des anciens; il a pour comparaître un délai de deux jours francs, et, s'il comparaît, il est entendu dans l'intérieur du lieu des séances du conseil des anciens.

121. Soit que le prévenu se soit présenté ou non, le conseil des anciens, après ce délai, et après y avoir délibéré dans les formes prescrites par l'art. 91, prononce l'accusation, s'il y a lieu, et renvoie l'accusé devant la haute cour de justice, laquelle est tenue d'instruire le procès, sans aucun délai.

122. Toute discussion dans l'un et dans l'autre conseil, relative à la prévention ou à l'accusation d'un membre du corps législatif, se fait en conseil général: toute délibération sur les mêmes objets, est prise à l'appel nominal et au scrutin secret. Et cependant on a accusé, jugé et condamné soixante représentans en séance publique.

On a violé la constitution envers deux directeurs, puisqu'au mépris de l'art. 158 on les a enveloppés dans le même jugement et la même condamnation. Cet article porte : « L'art. 112 et les articles suivans , jusqu'à » l'art. 123 inclusivement, relatifs à la ga- « rantie du corps législatif, sont communs » aux membres du directoire ».

On a violé scandaleusement la constitution envers 48 journalistes, puisqu'au mépris de l'art. 343 on les a déportés pour avoir publié leurs pensées. Nul ne peut être empêché, dit cet article, de dire , écrire , imprimer et publier sa pensée ; nul ne peut être responsable de ce qu'il a écrit ou publié, que dans les cas prévus par la loi.

Enfin, on a violé la constitution en confondant les pouvoirs qu'elle a séparés et s'arrogeant l'exercice d'une fonction publique, qu'elle a expressément déléguée dans d'autres mains. La minorité factieuse du corps législatif a violé toutes les lois et renversé la constitution, en enfreignant l'art. 46. Le corps législatif ne peut exercer par lui-même, ni par des délégués, le pouvoir judiciaire. Et cependant elle s'est constituée en tribunal, et

en

en tribunal révolutionnaire , puisqu'elle à cumulé à-la-fois les fonctions d'accusateurs, de jurés et de juges. Elle a ouvertement insulté à la volonté du peuple, en annullant, de sa propre autorité, la majorité des élections de ses députés , de ses administrateurs et de ses juges : elle a rompu le pacte social, renversé la constitution et anéanti la république : car le régime actuel mérite-t-il le nom de république ? Elle a rétabli , étendu l'injuste loi du 3 brumaire ; elle a abrogé la plupart des lois rendues par le véritable corps législatif ; elle a enfin commis des actes tyranniques, que la convention elle-même, dans l'exaltation de sa toute-puissance, dans l'ivresse de sa doctrine révolutionnaire, n'a pas osé se permettre. Et que n'a-t-elle pas fait depuis le 18 fructidor ? Elle a revêtu le directoire d'un pouvoir immense et sans bornes ; elle lui a accordé le droit de vie et de mort sur une classe toute entière de citoyens ; elle a créé parmi nous une classe d'Ilotes ; elle a rétabli par-tout des commissions militaires ; elle a décrété une masse énorme d'impositions, et, par des violations continuelles de cette même

E

constitution , qu'elle ne veut plus suivre , elle nous a préparé tous les fléaux d'une révolution nouvelle.

Encore deux mois , et la constitution de l'an 3 sera entièrement détruite , foulée aux pieds , et ses amis proscrits de tous côtés ; encore deux mois , et le code anarchique de 93 redeviendra le code des Français. Les Jacobins l'ont promis; et leurs députés fidèles exécuteront leurs promesses.

Nota. La loi du 22 floréal, an 6, a empêché l'accomplissement de cette prophétie, pour le tems que j'indiquais alors ; mais aujourd'hi, nous touchons au moment de la voir se réaliser. Il est vrai que les Jacobins nous ont donné la liberté de la presse , mais *timeo danaos et dona ferentes*.

Je crains des Jacobins jusqu'à leurs présens.

F I N.